CONGRÈS DE LA PROPRIÉTÉ BATIE DE FRANCE

LYON 1894

SECTION V

DU PRIVILÈGE DU BAILLEUR

LOYERS D'AVANCE

DÉMÉNAGEMENT FURTIF

RAPPORT

PAR

M. E. GOUJON

Avocat à la Cour d'appel de Paris,

Rédacteur en chef de *La Collection complète des Lois*

LYON

IMPRIMERIE & LITHOGRAPHIE DU SALUT PUBLIC

71, Rue Molière, 71

1894

DU PRIVILÈGE DU BAILLEUR

LOYERS D'AVANCE

DÉMÉNAGEMENT FURTIF

MESSIEURS,

Avant de traiter plus spécialement, dans ce rapport, la question : *Du privilège du bailleur ; Loyers d'avance ; Déménagement furtif*, j'ai cru devoir vous présenter un très court exposé de la théorie du *Contrat de louage*.

Cette façon de procéder offrira l'avantage de montrer les sources et les origines du privilège ; si j'avais abordé de suite la question, mon travail aurait été incomplet, en ne vous mettant pas à même de connaître au préalable les droits et les devoirs réciproques des propriétaires et des locataires. Je me suis efforcé de mettre en relief les obligations qui font naître le privilège et d'où il découle. Ce droit existe, il importe, avant d'en étudier les conséquences, de vous rappeler quelles en sont les causes et les raisons d'être, et, si je puis dire ainsi, le pourquoi.

Sur toutes les questions que j'ai examinées, j'ai tâché, tout en étant complet, d'être aussi bref que possible.

C'eût été sortir des bornes et des limites de ce rapport et du caractère qu'il doit avoir, que de donner, au moyen de longs développements, l'opinion de chacun des jurisconsultes que j'ai consultés ; il sera plus conforme à l'esprit de ce travail d'exposer un système qui sera un résumé des études spéciales auxquelles je me suis livré. Le *Congrès* profitera ainsi des recherches approfondies et minutieuses dont le résultat offrira l'avantage d'être présenté sous forme de théorie, mais qui ne sera en réalité que l'analyse des systèmes admis par la généralité des auteurs.

Ainsi se trouveront condensées les différentes solutions qui ont été données sur la matière si délicate et si difficile qui nous occupe. Je ne dois pas perdre de vue que ce n'est pas à proprement parler une étude de droit que je fais, mais bien un exposé pratique des obligations des propriétaires et des locataires, examinées au point de vue spécial du privilège des propriétaires de biens urbains ; tous mes efforts doivent tendre à faire profiter le Congrès des recherches que j'ai faites, sans l'entraîner dans l'aridité de l'étude de la doctrine pure ; ma tâche est de le faire profiter d'un travail personnel, sans qu'il en ait ni peine ni souci. Je dois me souvenir que je m'adresse non à des professeurs de droit, mais à des propriétaires et à des locataires et que votre préoccupation, Messieurs, n'est pas de connaître à fond l'opinion de tel ou tel jurisconsulte, si éminent soit-il, sur une question, mais de savoir d'une façon précise et succincte le sens dans lequel un point controversé a été résolu.

Sur certaines questions cependant, j'ai cru utile d'entrer dans quelques développements et de me départir de la règle que je m'étais tracée, en considération de l'importance même du sujet. J'espère que vous me le pardonnerez et que vous ne m'en tiendrez pas rigueur. Rassurez-vous, je n'ai pas oublié que ce que vous êtes en droit d'attendre de moi, c'est de vous présenter un résumé, je pourrais dire un précis, un manuel. Je me suis placé dans cet ordre d'idées, et ma satisfaction sera grande si je réussis à ne pas tromper votre attente et à vous faire lire ce rapport, d'abord sans ennui, ensuite avec intérêt et avec fruit ; car, alors seulement, j'aurai atteint le but que je me suis proposé.

DU CONTRAT DE LOUAGE

Le louage des choses est un contrat par lequel l'une des parties s'oblige à fournir à l'autre l'usage ou la jouissance d'une chose, moyennant un prix que celle-ci s'engage à lui payer. Le louage est donc un contrat synallagmatique, dans lequel l'obligation de fournir la jouissance temporaire de la chose promise a pour cause l'obligation de l'autre partie de payer un prix. Divers éléments sont nécessaires pour sa validité : le consentement des parties, la capacité des contractants, une chose dont l'usage ou la jouissance est abandonné pour un temps au preneur, un prix qui doit être payé par celui-ci.

Le lien de droit n'est formé que par l'accord des parties, le consentement doit porter non-seulement sur la chose et sur le prix, mais encore sur la durée du bail ou de la location.

Le contrat de louage ne peut intervenir qu'entres personnes capables de contracter; ainsi les mineurs non émancipés et les interdits ne peuvent ni donner ni prendre à loyer. La capacité juridique se détermine d'après cette idée que le bail est de sa nature un simple acte d'administration; ausssi n'est-il pas nécessaire de pouvoir aliéner une chose pour avoir la faculté de la louer; il suffit d'en avoir la jouissance ou l'administration. Il existe toutefois des différences dans la capacité des parties, selon qu'elles ont la propriété, la jouissance ou l'administration de la chose. Tandis que celui qui peut aliéner la chose en peut passer bail pour le temps qu'il juge convenable, sans avoir la faculté cependant d'excéder le terme de quatre-vingt-dix-neuf ans, celui qui en est propriétaire mais qui n'a que la capacité d'administrer, tel le mineur émancipé, ne peut consentir un bail dépassant neuf années, et celui qui, sans être propriétaire, a le droit d'administrer, tels le père administrateur des biens de ses enfants mineurs, le tuteur quant aux biens de son pupille, le mari à l'égard des biens de sa femme, l'usufruitier relativement aux biens dont-il a la jouissance, doit se conformer aux règles prescrites par les articles 1429, 1430 et 1718 combinés du Code civil. De même, l'administrateur d'une personne placée dans un établissement d'aliénés doit observer les règles prescrites par l'article 31 de la loi du 30 juin 1838.

Encore le propriétaire peut louer la chose pour telle destination qu'il juge convenable, au lieu que le mari, le tuteur, l'administrateur, l'usufruitier sont tenus de la louer pour servir à l'usage auquel elle était destinée.

Tous les biens, meubles ou immeubles qui sont dans le commerce, peuvent faire l'objet d'une location, à l'exception cependant de ceux dont le louage est interdit par une disposition législative. On peut louer tout objet dont la jouissance est dans le commerce: il n'est dérogé à ce principe qu'à l'égard des choses qui se consomment par l'usage et dont la représentation serait ainsi impossible à l'expiration de la location, comme par exemple le vin, le blé, etc.

Le contrat n'est soumis à aucune forme particulière, il peut être fait par acte authentique, par acte sous seings privés ou verbalement; les parties ont la faculté de le subordonner à toutes espèces de conditions susceptibles de figurer dans une convention.

Il est de l'essence de ce contrat qu'il doit y être stipulé le paiement d'un prix par le preneur; ce prix doit être de quelque considération eu égard à la valeur de la jouissance ou de l'usage de la chose louée; il n'est pas nécessaire qu'il soit en rapport avec la valeur de la chose. Ainsi la vileté du prix ne saurait fournir au bailleur l'occasion d'une demande en nullité du bail; mais si, bien que le bail fût parfait, il n'avait pas été indiqué de prix, les tribunaux seraient dans l'obligation d'accorder au bailleur une indemnité représentative de la jouissance du preneur pour le temps écoulé, car ni l'une ni l'autre des parties n'est réputée avoir consenti à donner ou à recevoir gratuitement l'usage de la chose; dans ce cas, il n'y aurait, en effet, pas eu bail, mais prêt à usage.

Le bail ou la location se trouvant ainsi valablement consenti entre les parties contractantes, il naît à l'égard de chacune d'elles des obligations diverses.

Le locateur est soumis à trois obligations principales : la délivrance de la chose en état de service à l'usage pour lequel elle a été louée, et, par conséquent, en bon état de réparations de toute espèce, même locatives, ainsi que les accessoires qui en dépendaient au moment de la formation du contrat; l'entretien des lieux, afin qu'ils puissent servir à l'usage pour lequel ils ont été loués et, par suite, l'exécution de tous les travaux que cette destination peut nécessiter, à l'exclusion toutefois des réparations locatives et de celles qui, par une clause spéciale du bail, auraient été mises à la charge du locataire; la garantie tant des vices de la chose louée que du trouble apporté à la jouissance du preneur, que ce trouble soit causé par le bailleur lui-même, qu'il provienne des actes de l'administration ou qu'il prenne naissance dans des agissements de tiers et qu'il soit à ce titre, ou des troubles de fait ou des troubles de droit et encore des dommages occasionnés au preneur, par le propriétaire voisin.

De son côté, le preneur est tenu de garnir la maison ou les lieux loués de meubles suffisants pour garantir le paiement des loyers ou fermages, de se servir de la chose louée suivant sa destination, de faire les réparations locatives et de menu entretien, de veiller à la conservation de la chose et d'en jouir en bon père de famille, c'est-à-dire comme un propriétaire soigneux et attentif, de la rendre à l'expiration de la location, telle qu'il l'a reçue et de payer le prix convenu aux échéances ainsi que certaines charges accessoires.

Différentes causes mettent fin au louage des choses. C'est la perte de la chose elle-même, l'expropriation pour cause d'utilité publique, l'effet d'une condition résolutoire, l'éviction du bailleur, la consolidation, l'expiration du temps fixé, le consentement mutuel des parties, le congé, si le bail n'a pas une durée limitée.

En outre la faillite du preneur ou sa déconfiture, sans mettre fin par elles-mêmes à la location est de nature à en modifier les conditions et même à en entraîner la cessation.

Je n'ai pas eu l'intention ni la prétention de présenter, dans le très court résumé qui précède, une étude complète des règles qui régissent le contrat de louage, je les ai esquissées et indiquées seulement, dans la pensée que cela ne serait pas superflu pour l'intelligence de ce qui va suivre.

CONSIDÉRATIONS GÉNÉRALES

J'ai dit que, parmi les obligations incombant au preneur, figurait celle de garnir les lieux de meubles suffisants pour garantir le paiement des loyers ou fermages. Que faut-il entendre par ces mots : *meubles suffisants?* Il est intéressant d'en définir exactement le sens puisqu'ils représentent la garantie, eux ou leur prix, affectée au privilège du propriétaire. Avant d'examiner ce que c'est que le privilège, quelle est son étendue, quelle est son importance, quelles sont les conséquences de son existence, il importe de connaitre d'une façon précise sur quoi il porte et les obligations imposées à celui qui doit le fournir. Je crois que mon rapport spécial sur les privilèges aurait été incomplet, si je ne l'avais pas fait précéder de cette étude qui aura, je l'espère du moins, l'avantage de le rendre plus clair, plus précis, plus utile et plus pratique.

La créance du bailleur est, d'une façon générale, garantie par un ensemble de sûretés qui est de nature à en assurer le paiement.

C'est ainsi qu'aux termes de l'article 1752 du Code civil : « Le locataire, qui ne garnit pas la maison de meubles suffisants, peut être expulsé, à moins qu'il ne donne des sûretés capables de répondre du loyer. » Cette disposition est complétée par l'article 2102 du même Code, qui attribue un privilège au bailleur sur les objets garnissant les lieux loués et qui lui accorde le droit de revendiquer, pendant un certain temps, le mobilier qui aurait été détourné sans son consentement ou à son insu.

En outre, l'article 819 du code de procédure civile autorise le locateur à saisir-gager les objets qui se trouvent dans les lieux, objet de la location, en dehors des règles ordinaires, c'est-à-dire sans titre exécutoire, en vertu de sa qualité seule de propriétaire.

Tandis que, pour certaines dettes, la prescription est acquise par l'expiration d'un délai de six mois, d'un an ou de deux ans, selon leur nature, les loyers des maisons et le prix du fermage des biens ruraux se prescrivent par cinq ans (article 2277 du Code civil). On m'objectera peut-être que ce délai ne constitue pas un privilège au profit du propriétaire, je le sais ; mais, s'il n'y a pas là un privilège à proprement parler, il y a tout au moins un avantage dont l'existence m'a semblé de nature à ne pas être passée sous silence.

Le bailleur a encore la faculté de faire verser entre ses mains, à titre de supplément de garantie, une somme représentant six moix de loyer d'avance, imputable seulement sur les six derniers mois de jouissance ; c'est l'usage à Paris lorsqu'il s'agit de location de boutiques, de maisons entières ou de parties de maisons louées à des principaux-locataires. Il est encore de coutume, pour les locations n'excédant pas quatre cents francs, de faire payer le terme d'avance.

Tels sont en résumé les privilèges, sûretés ou avantages résultant, soit de la loi, soit des usages, dont bénéficient à juste titre les propriétaires d'immeubles ; je vais maintenant examiner chacun d'eux d'une manière approfondie.

Je traiterai, dans une partie spéciale de ce travail, la situation qui est faite au bailleur, en cas de faillite ou de déconfiture du preneur.

Et enfin je terminerai mon rapport par des considérations générales sur l'état de la législation actuelle et sur les modifications que, dans l'intérêt respectif des propriétaires et des locataires, il serait bon d'y apporter, si toutefois cette étude ne me conduit pas à conclure au maintien de l'état actuel de la législation.

DES MEUBLES SUFFISANTS

Le locataire d'une maison est tenu, sous peine de la résiliation du bail, de le garnir de meubles suffisants pour assurer le paiement du loyer, ou de fournir, à cet effet, d'autres sûretés au bailleur. (Art. 1752 du Code civil).

Cette obligation, imposée au locataire par cet article, existait déjà dans notre ancienne jurisprudence. Loisel s'exprime ainsi sur ce point : « Le propriétaire peut contraindre son hoste de garnir sa maison de meubles exploitables, pour sûreté de son louage, et à faute de ce, l'en faire sortir. » Je lis dans Pothier : « Des coutumes obligent le locataire d'une maison à la garnir de meubles suffisants pour répondre d'un certain nombre de termes de loyers à échoir. » Denisart partage la même opinion.

Des controverses s'étaient élevées sur le point de savoir quelles devaient être l'importance et la valeur de ces meubles et de quels loyers ils devaient fournir la garantie.

Le texte de l'art. 1752 n'a pas tranché ces questions, il emploie l'expression vague et indéterminée de *meubles suffisants*. Suffisants pour quoi ?

Les auteurs ont diversement apprécié ces mots. Je ne veux pas reproduire ici les opinions d'Aubry et Rau, de Duvergier, de Delvincourt, de M. Guillouard, ni de M. Laurent. Je me borne à exprimer le sens qui doit être attribué à l'expression *meubles suffisants*, selon Duvergier et M. Guillouard, parce que je pense que l'interprétation qu'ils lui donnent est celle qui doit prévaloir. Le locataire, en garnissant les lieux d'un mobilier dont la valeur répond d'une année entière de loyer et des frais évalués de saisie et d'exécution, aura pleinement satisfait à l'obligation qui lui est imposée par l'article 1752. Les termes dont le législateur s'est servi doivent être compris de façon à donner satisfaction au propriétaire, sans imposer au locataire une charge trop lourde, les intérêts des deux parties seront ainsi respectés; ce sera au propriétaire selon l'expression de Bourjon, à *veiller par terme*.

QUE COMPREND LE MOT MEUBLE ?

Ici, une question préjudicielle se présente à notre examen, c'est celle de savoir ce qu'il faut entendre par *meubles*. Nous aurons aussi à rechercher si le privilège du propriétaire frappe *tout* ce qui est meuble, et s'il ne frappe pas également même ce qui est déclaré *n'être pas meuble* par la loi.

L'art. 533 du Code civil porte : « Le mot *meuble*, employé seul dans les dispositions de la loi ou de l'homme, sans autre addition ni désignation, ne comprend pas l'argent comptant, les pierreries, les dettes actives, les livres, les médailles, les instruments des sciences, des arts et métiers, le linge de corps, les chevaux, équipages, armes, grains, vins, farines et autres denrées ; il ne comprend pas aussi ce qui fait l'objet d'un commerce. »

Il est à remarquer que cet article procède par voie d'exclusion et d'élimination ; il n'enseigne pas ce que le mot *meuble* comprend, il indique seulement ce qu'il ne comprend pas.

Il est difficile d'en saisir le sens, car malgré ses termes absolus, l'art. 533 du Code civil ne reçoit pas une seule application dans les dispositions de la loi ; la signification restreinte qu'il donne au mot *meuble* n'est appliquée nulle part, et il est admis par tous les jurisconsultes que son acception doit être plus étendue. Je fais exception pourtant en ce qui concerne l'argent comptant. Certains objets déclarés non meubles par l'art. 533 doivent au contraire être considérés comme meubles, au regard de l'art. 1752 et de l'art. 2102, dont l'étude nous occupe spécialement. Ainsi, les livres, les médailles, les instruments des sciences, des arts et métiers, le linge de corps, les chevaux, les équipages, les armes, les vins, les grains, farines et autres denrées, ce qui fait l'objet d'un commerce, tous ces biens rentrent dans la catégorie de ceux dont le locataire doit garnir les lieux loués et sont soumis au privilège du propriétaire ; ils pourront ainsi être saisis et vendus par application de l'art. 819 du Code de procédure civile. Si, par exemple, je loue une remise, il est certain que c'est pour y mettre une voiture ; si je loue une écurie, c'est pour y mettre des chevaux ; eh bien ! il serait inadmissible de dire que ces choses, étant déclarées non meubles par l'art. 533, ne seront pas le gage du privilège du propriétaire.

Et encore, en ce qui concerne la vente de ces objets, les règles suivies sont celles qui sont relatives aux meubles.

Valette (Privilèges, p. 60, nº 55) s'exprime ainsi : Ce qui garnit la maison louée ou la ferme, n'est pas tout ce qui s'y trouve, mais tout ce qui, à raison de la désignation même des lieux et pour leur exploitation, doit y rester d'une manière habituelle et permanente.

Aubry et Rau (tome III, § 261) donnent l'interprétation suivante : Le privilège du locateur d'une maison porte sur tout ce qui la garnit, c'est-à-dire sur tous les meubles corporels qui y sont placés à demeure, soit pour la commodité et l'agrément de l'habitation, soit pour servir aux usages domestiques ou à l'exercice de la profession du locataire, soit comme faisant partie d'une collection de livres, de tableaux ou de médailles. Il affecte même les objets placés à temps seulement dans la maison louée et pour être consommés ou vendus, notamment les marchandises faisant partie du commerce du locataire.

Les objets qui rentrent dans l'une ou l'autre de ces catégories sont soumis au privilège, peu importe qu'ils restent constamment en évidence, comme les meubles meublants ou qu'ils soient ordinairement tenus renfermés, comme la vaisselle d'argent.

Mais le privilège ne s'étend ni au numéraire, ni aux bijoux à l'usage personnel des locataires, ni à plus forte raison, aux titres de créance ou aux brevets d'invention.

Sous l'empire du Code civil, le privilège ne frappait pas l'indemnité due, en cas d'incendie, au locataire qui avait assuré son mobilier ou son risque locatif, la loi du 19 février 1889 a changé la législation sur ce point. Je traiterai ce sujet dans la suite de mon travail.

N'est pas affectée au privilège du bailleur l'indemnité qui pourrait être allouée au locataire pour privation de jouissance et au cas d'expropriation pour cause d'utilité publique ; elle n'est, en effet, à aucun titre la représentation du mobilier.

Il faut entendre par *meubles* ce qui est destiné à l'ornement de l'habitation, à l'usage du locataire ou à son commerce. Le sens de ce mot, dans la matière spéciale qui nous occupe, doit être celui que l'article 534 du Code civil donne à ceux-ci : *meubles meublants*.

MEUBLES MEUBLANTS

Tous les auteurs admettent que le numéraire, les titres de créance et les brevets d'invention ne doivent pas être considérés comme meubles. Mais en ce qui touche les bijoux et les pierreries, des controverses se sont élevées. Je pense, avec M. Pont, que ces objets doivent être considérés comme *meubles*. A l'appui de son opinion en sens contraire, M. Laurent dit que ces choses ne sont pas de nature, par leur essence, à garnir la maison, mais à orner les personnes. Ce raisonnement peut paraître spécieux à première vue ; en y réfléchissant, on verra qu'un propriétaire, qui loue un appartement représentant une certaine valeur, pourra légitimement compter que son locataire non seulement garnira les lieux de gros meubles, mais encore qu'il y apportera des bijoux, diamants et pierreries, en rapport avec sa situation de fortune et sa condition dans le monde.

Ces observations préliminaires font connaître quelle est l'étendue de l'obligation du preneur de garnir les lieux de meubles suffisants. Il était intéressant et nécessaire de nous y arrêter un instant, car l'art. 2102 du Code civil n'aura de force et de valeur qu'autant que les dispositions de l'art. 1752 auront été exécutées et respectées. L'art. 2102 nous enseigne, entre autres choses, que les créances privilégiées sur certains meubles sont celles résultant des baux de maisons ou de biens ruraux ; cet article serait lettre morte si le preneur n'était pas tenu de garnir de meubles les lieux loués. Aussi je puis dire que l'art. 1752, en imposant cette obligation, forme la base sur laquelle repose l'efficacité du principe posé dans l'art. 2102 ; ces deux articles se complètent et sont liés étroitement l'un à l'autre ; sans l'art. 1752, l'art. 2102 ne pourrait pas recevoir d'application.

Et maintenant que je crois avoir suffisamment indiqué sur quels objets porte le privilège, je vais examiner le caractère du privilège lui-même, sa nature, son essence, en même temps que ses conséquences.

DU PRIVILÈGE DU PROPRIÉTAIRE

Le privilège, porte l'art. 2095 du Code civil, est un droit que la qualité de la créance donne à un créancier d'être préféré aux autres créanciers, même hypothécaires.

L'article 2102 du Code civil est ainsi conçu :

« Les créances privilégiées sur certains meubles sont :

« 1° Les loyers et fermages des immeubles, sur les fruits de la récolte de l'année et sur le prix de tout ce qui garnit la maison louée ou la ferme et de tout ce qui sert à l'exploitation de la ferme ; savoir, pour tout ce qui est échu et pour tout ce qui est à échoir, si les baux sont authentiques ou si, étant sous signature privée, ils ont une date certaine ; et, dans ces deux cas, les autres créanciers ont le droit de relouer la maison ou la ferme pour le restant du bail et de faire leur profit des baux ou fermages, à la charge toutefois de payer au propriétaire tout ce qui lui serait encore dû.

« Et, à défaut de baux authentiques, ou lorsqu'étant sous signature privée, ils n'ont pas une date certaine, pour une année à partir de l'expiration de l'année courante.

« Le même privilège a lieu pour les réparations locatives et pour tout ce qui concerne l'exécution du bail.

« Néanmoins les sommes dues pour les semences ou pour les frais de la récolte de l'année sont payées sur le prix de la récolte, et celles dues pour ustensiles sur le prix de ces ustensiles, par préférence au propriétaire, dans l'un et l'antre cas.

« Le propriétaire peut saisir les meubles qui garnissent sa maison ou sa ferme lorsqu'ils ont été déplacés sans son consentement et il conserve sur eux son privilège, pourvu qu'il ait fait la revendication ; savoir, lorsqu'il s'agit du mobilier qui garnissait une ferme dans le délai de quarante jours ; et dans celui de quinzaine, s'il s'agit de meubles garnissant une maison ;

« 2° La créance sur le gage dont le créancier est saisi ;

« 3° Les frais faits pour la conservation de la chose ;

« 4° Le prix d'effets mobiliers non payés, s'ils sont encore en la possession du débiteur, soit qu'il ait acheté à terme ou sans terme.

« Si la vente a été faite sans terme, le vendeur peut même revendiquer ces effets tant qu'ils sont en la possession de l'acheteur et en empêcher la revente, pourvu que la revendication soit faite dans la huitaine de la livraison et que les effets se trouvent dans le même état dans lequel cette livraison a été faite.

« Le privilège du vendeur ne s'exerce toutefois qu'après celui du propriétaire de la maison ou de la ferme, à moins qu'il ne soit prouvé que le propriétaire avait connaissance que les meubles et autres objets garnissant sa maison ou sa ferme n'appartenaient pas au locataire.

« Il n'est rien innové aux lois et usages du commerce sur la revendication ;

« 5° Les fournitures d'un aubergiste sur les effets du voyageur qui ont été transportés dans son auberge ;

« 6° Les frais de voiture et les dépenses accessoires sur la chose voiturée ;

« 7° Les créances résultant d'abus et prévarications commis par les fonctionnaires publics dans l'exercice de leurs fonctions, sur les fonds de leur cautionnement et sur les intérêts qui en peuvent être dus.

Voilà les deux articles du Code qui sont la base de notre matière et dans lesquels nous puisons notre enseignement ; aussi ai-je cru devoir les reproduire intégralement. Ils n'envisagent pas le cas de faillite ou de déconfiture du preneur, la situation est alors réglée par le Code de commerce ; je l'étudierai ultérieurement.

Déjà, sous la législation antérieure à la promulgation du Code civil, la plupart des coutumes accordaient au locateur d'une maison un droit d'hypothèque sur tout ce qui garnissait l'immeuble. Ce droit différait pourtant de l'hypothèque ordinaire, en ce sens que les meubles qui y étaient soumis pouvaient être revendiqués seulement pendant un temps très court, en cas d'enlèvement ou de détournement; passé ce délai, ils demeuraient affranchis et libres. Il importait peu que le bailleur fût propriétaire, sa seule qualité de locateur lui conférait ce droit; le principal locataire bénéficiait des mêmes avantages vis-à-vis de celui auquel il avait sous-baillé. La garantie portait non seulement pour le prix du loyer mais encore pour toutes les conditions relatives à l'exécution de la location; il n'y avait pas de différence entre le cas où celle-ci résultait d'un bail authentique et le cas où elle était faite sous signatures privées ou même verbalement. Les meubles des sous-locataires répondaient du paiement du loyer vis-à-vis du propriétaire pour la partie sous-louée seulement, en général du moins, car la coutume de Paris admettait au contraire que le mobilier de chacun des sous-locataires, quelque peu importante que soit la portion de l'habitation occupée par lui, était obligé à tout le loyer de la maison, même les objets appartenant à des tiers étaient censés grevés de cette hypothèque, pourvu toutefois que le propriétaire fût de bonne foi et ignorât qu'ils ne fussent pas la propriété de son locataire.

Telle était dans ses grandes lignes la théorie sur laquelle reposait le droit d'hypothèque du propriétaire.

Cette très courte incursion dans l'ancien droit nous met en mesure de connaitre les origines de la législation actuelle; on verra par ce qui va suivre que les principes sont les mêmes et que les rédacteurs du Code civil se sont, dans une large mesure, inspirés de la législation antérieure.

Le privilège est un droit que la seule qualité de la créance, c'est-à-dire la faveur qu'elle mérite aux yeux de la loi, donne à un créancier d'être payé de préférence à d'autres.

Le privilège ne peut résulter que d'une disposition de la loi, il n'appartient pas au débiteur de créer en faveur d'un ou de plusieurs de ses créanciers des privilèges en dehors de ceux qui sont établis par la loi.

Les créanciers privilégiés sont préférés aux créanciers hypothécaires.

Le rang des créanciers privilégiés se détermine d'après le degré de faveur dont leurs créances jouissent aux yeux de la loi et sans égard à la date de ces créances.

Les privilèges ne constituent pas des droits attachés exclusivement à la personne, ils sont des acccessoires des créances pour sûreté desquelles ils sont établis, et, en cette qualité, ils passent aux cessionnaires et autres successeurs; ils peuvent être exercés par les créanciers du bénéficiaire conformément aux dispositions de l'art. 1166 du Code civil. Ils sont une dérogation au droit commun, une modification à la règle selon laquelle les biens d'un débiteur forment le gage commun des créanciers, aussi ne peut-on étendre, par voie d'analogie, l'effet des prescriptions légales qui les régissent, à d'autres créances que celles qui sont strictement déterminées par la loi.

Les privilèges ne sont pas accordés à la personne, ils sont attachés à la qualité de la créance. Ils peuvent porter tout aussi bien sur des immeubles que sur des meubles.

Dans l'aperçu que j'ai donné de l'ancienne législation, j'ai parlé du droit d'hypothèque qui frappait alors les meubles. Aujourd'hui les meubles ne sont plus susceptibles d'hypothèques, et ce droit, virtuellement aboli par la loi du 11 brumaire an VII, est remplacé par le privilège.

Les privilèges sur les meubles sont généraux ou particuliers, selon qu'ils portent sur l'universalité des meubles ou sur certains meubles déterminés ; ceux dont nous nous occupons sont particuliers et ne frappent que les meubles garnissant les lieux loués. Ils ne sauraient donc affecter les immeubles, comme le font les privilèges généraux.

On aurait tort de croire que le privilège constitué par la loi au profit du propriétaire a été établi dans l'intérêt exclusif de ce dernier ; le locataire en bénéficie également : il est ainsi assuré de trouver facilement à louer l'habitation qui lui est nécessaire ; point ne sera besoin pour lui de mettre le propriétaire à même de prendre des renseignements sur sa solvabilité, chose toujours délicate et parfois difficile : qu'il garnisse le local de meubles suffisants sur lesquels le privilège du bailleur puisse être exercé, c'est tout ce qu'on peut légalement exiger de lui, et, ce faisant, il sera déchargé de fournir toute autre garantie. Cette situation est avantageuse aussi pour les étrangers, qui viennent s'établir dans une ville afin d'y exercer un commerce ou une industrie ; il leur serait le plus souvent impossible de donner une caution ou des garanties quelconques, en dehors du mobilier et des marchandises qu'ils apportent avec eux pour leur trafic, et partant il leur serait difficile de trouver à se loger. Le privilège qui frappe leurs meubles fait disparaître cette difficulté, en donnant au propriétaire la garantie dont il a besoin et qui sauvegarde ses intérêts.

Peu importe que la location résulte d'un bail passé devant notaire, d'un bail sous signatures privées ou simplement de conventions verbales, le privilège du propriétaire existe dans tous les cas; ainsi,ce qui le constitue, ce n'est pas la nature de l'acte qui donne naissance à l'occupation, mais bien cette occupation elle même. Ce qui fait naître ce droit, ce n'est pas la qualité de propriétaire, mais bien celle de locateur. Le principal locataire qui sous-loue tout ou partie de l'immeuble profite de ce droit vis-à-vis du sous-locataire ; en effet il est devenu bailleur à son égard et il est pour ainsi dire subrogé au droit du propriétaire lui-même. Le privilège de celui-ci s'étend aux meubles des sous-locataires, mais seulement dans la proportion de ce à quoi ils sont obligés. Ainsi, si un principal locataire a un loyer de 2.000 fr. et qu'il sous-baille l'intégralité des lieux à quatre personnes distinctes moyennant pour chacune d'elles le prix de 500 fr., chaque sous-locataire ne sera tenu envers le propriétaire originaire que dans la mesure du quart du montant du loyer principal. Cela est juste, car si, même pour une location de minime importance, le sous-locataire pouvait être recherché pour le prix total du loyer primitif, sa situation pourrait devenir désastreuse par suite du non-paiement de la part du principal locataire ; et qui, dans ces conditions, eût osé consentir à prendre une sous-location? Toute location d'immeuble donne lieu à un privilège, bien qu'il ne serve ni à l'habitation des personnes ni à l'exploitation des terres, pourvu qu'il y ait des objets qui garnissent la chose louée, tels seraient par exemple un magasin ou des écuries.

Lorsqu'il s'agit de maison d'habitation, le privilège frappe tout ce qui la garnit; j'ai montré plus haut ce qu'il fallait entendre par cette expression et par les mots *meubles meublants :* vous vous rappelez, Messieurs, qu'il doit en être exclu le numéraire, les titres de créances et les brevets d'invention. Quant à l'indemnité due au preneur en cas d'incendie, elle a un caractère particulier; en effet, tant qu'elle est due par la Compagnie d'assurance, elle constitue une créance ; lorsqu'elle est payée, elle est transformée en somme d'argent ; aussi ne pouvait-elle être grevée de privilège. La loi du 19 février 1889 a complètement modifié la législation sur cette matière. En effet, elle dispose :

« Article premier.— Le privilège accordé au bailleur d'un fonds rural par l'art. 2102 du Code civil ne peut être exercé, même quand le bail a acquis date certaine, que pour les fermages des deux dernières années, de l'année courante et d'une année, à partir de l'expiration de l'année courante, ainsi que pour tout ce qui concerne l'exécution du bail et pour les dommages-intérêts qui pourront lui être accordés par les tribunaux.

« La disposition contenue dans le paragraphe précédent ne s'applique pas aux baux ayant acquis date certaine avant la promulgation de la présente loi.

« Art. 2. — Les indemnités dues par suite d'assurances contre l'incendie, contre la grêle, contre la mortalité des bestiaux ou les autres risques, sont attribuées, sans qu'il y ait besoin de délégation expresse, aux créanciers privilégiés ou hypothécaires suivant leur rang. Néanmoins, les paiements faits de bonne foi avant opposition sont valables.

« Art. 3. — Il en est de même des indemnités dues en cas de sinistre par le locataire ou par le voisin, par application des art. 1733 et 1382 du Code civil.

« En cas d'assurance du risque locatif ou du recours du voisin, l'assuré ou ses ayants-droit ne pourront toucher tout ou partie de l'indemnité, sans que le propriétaire de l'objet loué, le voisin ou le tiers subrogé à leurs droits aient été désintéressés des conséquences du sinistre.

« Art. 4. — Les oppositions de l'art. 2 ne préjudicieront pas aux droits des intéressés dans le cas où l'indemnité aurait fait l'objet d'une cession éventuelle à un tiers par acte ayant date certaine au jour où la présente loi sera exécutoire, à la condition, toutefois, que le transport, s'il n'a pas été notifié antérieurement, en conformité de l'art. 1690 du Code civil, le soit au plus tard dans le mois qui suivra. »

Les indemnités, dont il est parlé, sont considérées comme la représentation de la chose qui a péri, absolument comme le produit de la vente de cette chose.

Les termes de l'art. 2 sont généraux en ce qu'ils attribuent l'indemnité aux créanciers privilégiés ou hypothécaires; si donc le mobilier garnissant un immeuble vient à être incendié, l'indemnité qui le représente est affectée des mêmes privilèges qui le grevaient lui-même, et je suis, par conséquent, fondé à dire que le privilège du propriétaire s'exercera sur cette indemnité.

Au cours de la discussion de cette loi devant le Sénat, M. Lenoël avait adressé à la Commission, entre autres critiques, celle d'avoir oublié les droits du propriétaire; je ne partage pas la manière de voir de l'honorable et regretté sénateur. Le propriétaire est un créancier privilégié; les termes de l'art. 2 sont formels: *créanciers privilégiés ou hypothécaires selon leur rang ;* ils ne contiennent pas de restriction. Tous les créanciers de ces deux catégories sont appelés à exercer leurs droits sur l'indemnité, le propriétaire comme les autres. Alors qu'une dérogation était apportée aux principes du droit en faisant survivre le droit réel de privilège ou d'hypothèque à l'existence de l'objet sur lequel ce droit réel avait été établi, il n'y avait pas de motif pour exclure le propriétaire du bénéfice de cette disposition nouvelle et le législateur n'a pas voulu le faire et ne l'a pas fait.

DES IMMEUBLES PAR DESTINATION ET PAR LEUR NATURE

Les meubles qui sont devenus immeubles par destination ou qui sont déclarés tels par la loi, ne sauraient être affectés au privilège du propriétaire ; comme par exemple : une glace placée sur une cheminée à perpétuelle demeure et qui ne pourrait être enlevée qu'en causant des détériorations, une statue ancrée dans une niche faite exprès pour la recevoir, les clés des portes de la maison (elles sont par leur nature essentiellement transportables, mais elles font partie de l'immeuble dont elles constituent un accessoire nécessaire), les chevaux affectés à l'usage d'une ferme, à l'exclusion de ceux possédés par un locataire pour son agrément ou sa commodité personnelle, lesquels restent meubles, et, en général, tous effets mobiliers que le propriétaire a attachés au fonds à perpétuelle demeure.

Cette classification des biens en meubles ou immeubles est contenue dans les art. 517 à 526 du Code civil ; elle est surtout importante à l'égard des biens ruraux. Je ne traite pas ici ce sujet, mon travail devant être spécial aux propriétés bâties.

La loi fait une distinction entre les objets qui doivent être considérés comme immeubles par destination ou comme immeubles par nature. Peu nous importe ici ; alors que les objets ne sont pas meubles pour une raison ou pour une autre, ils ne peuvent être affectés au privilège du propriétaire, c'est tout ce qu'il nous faut savoir.

Les objets qui garnissent la maison louée, d'après ce qui vient d'être dit, sont affectés au privilège, bien qu'ils n'appartiennent pas au locataire ; mais il faut, pour qu'il en soit ainsi, que le propriétaire ait été de bonne foi au moment de l'introduction de ces objets dans les lieux loués, c'est-à-dire qu'à cette époque, il ait cru que ces meubles étaient la propriété de son locataire ; si, plus tard, il venait à apprendre son erreur et à en être informé, son privilège subsisterait pourtant, même pour les loyers à échoir. Il suffit que la bonne foi du propriétaire ait existé au moment de l'introduction du mobilier dans sa maison. Si le propriétaire des objets les revendiquait, en invoquant son droit de propriété, il y aurait une question délicate à résoudre, puisque deux privilèges se trouveraient en présence, celui du propriétaire de l'objet et celui du propriétaire de l'immeuble. Les auteurs enseignent que, dans ce cas, le privilège du propriétaire de l'immeuble prime celui du propriétaire de la chose, pourvu que le bailleur ignorât que le preneur n'était pas propriétaire des objets. Cette doctrine est fondée sur le principe établi dans l'art. 2279 du Code civil qui déclare, qu'en fait de meubles, la possession vaut titre. Ainsi, lorsqu'on voit des meubles en la possession de quelqu'un, on est admis à penser que cette personne en est propriétaire. Il est fait exception pourtant relativement aux objets perdus ou volés et à ceux pour lesquels leur propriétaire aurait notifié ou fait connaitre au bailleur que le preneur n'en était pas propriétaire ; c'est ce qui arrive constamment pour les personnes qui prennent en location des pianos par exemple ou qui les achètent à tempérament ; le loueur fait alors signer au propriétaire, ou au concierge, son représentant, une déclaration constatant que ledit objet n'entre dans la maison qu'à titre de chose louée.

J'ai dit que les marchandises d'un commerçant étaient grevées du privilège du propriétaire. Il n'en est pas de même des objets qui sont introduits dans la maison pour y être travaillés, et qu'à raison même de la profession du preneur, le bailleur ne peut considérer comme étant sa propriété. Le locateur doit savoir que ces objets ne sont confiés à son locataire qu'en raison de l'exercice de sa profession et non à titre de propriétaire. C'est ce qui arrive à l'égard du linge qui est confié à la blanchisseuse pour être lavé, des livres qui sont remis au relieur pour être relié, des étoffes qui sont données au tailleur ou à la couturière pour être transformées en vêtements ou en robes et généralement de toutes matières livrées à un artisan pour être transformées ou travaillées. Les objets déposés par un voyageur dans un hôtel ne sont pas soumis au privilège établi par l'art. 2102 du Code civil au profit du locateur ; la raison en est fort simple : un propriétaire qui loue sa maison comme hôtellerie ne peut penser que les objets apportés par des étrangers sont la propriété du locataire. Cette exception est faite en faveur du maitre de l'hôtel, car quelle est la personne qui voudrait descendre dans un hôtel, si elle était exposée à voir ses bagages retenus par le propriétaire, dans le cas où il lui serait dû des loyers ? Il en est encore ainsi des objets déposés en consignation chez un commissionnaire.

DES OBJETS INSAISISSABLES

Il va de soi que le privilège dont nous nous occupons ne peut être exercé sur les objets déclarés insaisissables par la loi ; ils sont bien dans les lieux, mais ils ne sont pas considérés comme les garnissant au sens de l'article 1752 du Code civil. Leur nombre d'ailleurs et leur valeur sont fort restreints. L'article 592 du Code de procédure civile indique quelles choses ne peuvent pas être saisies, il est conçu dans les termes suivants :

« Ne pourront être saisis :

« 1° Les objets que la loi déclare immeubles par destination ;

« 2° Le coucher nécessaire des saisis, ceux de leurs enfants vivant avec eux, les habits dont les saisis sont vêtus et couverts ;

« 3° Les livres relatifs à la profession du saisi jusqu'à la somme de trois cents francs, à son choix ;

« 4° Les machines et instruments servant à l'enseignement pratique ou exercice des sciences et arts, jusqu'à concurrence de la même somme, et au choix du saisi ;

« 5° Les équipements militaires, suivant l'ordonnance et le grade ;

« 6° Les outils des artisans, nécessaires à leurs occupations personnelles ;

« 7° Les farines et menues denrées nécessaires à la consommation du saisi et de sa famille pendant un mois ;

« 8° Enfin une vache, ou trois brebis, ou deux chèvres, au choix du saisi, avec les pailles, fourrages et grains nécessaires pour la litière et la nourriture des dits animaux pendant un mois. »

L'article 593 du code apporte des rectifications aux principes posés dans l'article 592 en disposant que :

« Les dits objets ne pourront être saisis pour aucune créance, même celle de l'Etat, si ce n'est pour aliments fournis à la partie saisie, ou sommes dues aux fabricants ou vendeurs des dits objets, ou à celui qui aura prêté pour les acheter, fabriquer ou réparer ; pour fermages et moissons des terres à la culture desquelles ils sont employés, loyers des manufactures, moulins, pressoirs, usines dont ils dépendent, et loyers des lieux servant à l'habitation personnelle du débiteur.

« Les objets spécifiés dans le n° 2 du précédent article ne pourront être saisis pour aucune créance. »

Ainsi, de la combinaison de ces deux articles, il résulte que le coucher nécessaire au saisi, ceux de ses enfants vivant avec lui, les habits dont les saisis sont vêtus et couverts, sont les seules choses qui échappent à la saisie pratiquée à la requête du propriétaire, et, par conséquent, il est juste de dire que ces objets ne constituent pas le gage du bailleur, qu'ils restent toujours et malgré tout la propriété du débiteur et qu'ainsi ils ne peuvent pas être frappés de privilège.

DU DROIT DE SUITE ET DE LA REVENDICATION

Comme conséquence de son privilège, le propriétaire a un droit de suite et de revendication sur les objets qui garnissaient la maison par lui louée, lorsqu'ils ont été enlevés ou déplacés sans son consentement ou à son insu.

Les meubles contractent une espèce d'hypothèque par suite de leur introduction dans les lieux ; le locataire ne les possède dès lors que grevés de cette charge et il ne saurait les transmettre à un tiers que dans les conditions où il les possède, personne ne pouvant transférer à quelqu'un plus de droit dans une chose qu'il n'en a lui-même. Selon M. Laurent, la seule raison de ce traitement de faveur accordé au locateur est basée sur l'avantage singulier dont a toujours joui, aux yeux de la loi, la créance du propriétaire.

Le délai pour exercer ce droit de revendication est fort court, il est de quinze jours seulement. En voici le motif : les meubles seront transportés dans un autre local, ils deviendront la garantie du nouveau propriétaire ; le législateur n'a pas voulu que celui-ci restât dans l'ignorance de la situation du gage sur lequel il peut compter ; ainsi, après quinze jours écoulés, il sera certain qu'aucune contestation ne s'élèvera sur la propriété des meubles, et sa créance se trouvera garantie dans les termes de la loi par le mobilier du locataire ; c'est donc quinze jours seulement après l'emménagement, dans la plupart des cas, que le mobilier du preneur est réellement affecté à la créance du bailleur.

Quel est le point de départ du délai ? Sur cette question, les auteurs sont en contradiction : Troplong et Zachariæ pensent que, si le preneur et le tiers possesseur avaient employé des moyens frauduleux pour empêcher que le déplacement ne vint à la connaissance du propriétaire, le délai ne commencerait à courir que du jour où ce dernier en aurait été informé. Cette doctrine est combattue par Valette et Pont; ils soutiennent que le délai de la revendication commence toujours à courir du jour de l'enlèvement des meubles. Aubry et Rau adoptent un système intermédiaire et avec raison; en effet, il est évident que, pour procéder à l'enlèvement du mobilier à l'insu du propriétaire, il sera toujours employé des précautions plus ou moins habiles : l'opération sera faite la nuit, par la fenêtre; s'il s'agit de boutiques, il sera plus facile encore de faire le déménagement *à la cloche de bois*, si je puis me permettre d'employer cette expression populaire, ou furtivement, pour me servir du terme administratif, mais cette façon d'agir ne constitue pas un moyen frauduleux dans le sens de la matière qui nous occupe. Il n'en serait pas de même si le preneur avait corrompu ou soudoyé le portier, pour obtenir son silence ou son aide; car alors il y aurait un moyen frauduleux, lequel serait de nature à se rattacher directement au délai de la revendication et ne permettrait plus d'en reporter le commencement au jour même du déplacement des meubles.

Si le tiers possesseur a acheté les objets détournés dans une foire publique ou chez un marchand vendant des choses semblables, le bailleur ne pourra les revendiquer qu'en remboursant à l'acquéreur le prix qu'ils lui auront coûté, selon ce que nous enseigne l'article 2280, § 2 du Code civil.

Le locateur est considéré comme ayant renoncé d'avance à son privilège sur les marchandises destinées par leur nature à être vendues ; il ne saurait en conséquence les revendiquer, quand elles ont été livrées à un acheteur de bonne foi; la vente a pour effet vis-à-vis d'elles de les désaffecter du privilège.

Les propriétaires et les principaux locataires sont responsables des sommes dues par les locataires à l'administration des contributions directes. En cas de déménagement furtif, ils sont tenus de faire constater, dans les trois jours, le déménagement, par le maire, le juge de paix ou le commissaire de police et d'en donner avis au percepteur. Faute par eux de remplir ces formalités, ils peuvent être rendus responsables :

1° En ce qui touche la contribution personnelle-mobilière, de l'intégralité de la contribution due par leurs locataires ou sous-locataires, dans le cas de déménagement ordinaire, et des douzièmes échus de cette contribution, dans le cas de déménagement furtif;

2° En ce qui concerne la contribution des patentes, du dernier douzième échu et du douzième courant, dans les deux cas.

Cette disposition est ignorée d'un grand nombre de propriétaires; elle est cependant fort intéressante pour eux, puisqu'elle leur permet de se soustraire aux réclamations de l'administration et de ne pas ajouter à la somme qu'ils perdent par suite de la disparition du locataire celle qui reste due pour contributions. Je dois indiquer qu'elle se trouve énoncée au dos des avertissements.

DE L'ÉTENDUE DU PRIVILÈGE

Le privilège, qui est de nature à assurer l'exécution du bail et de ses conséquences, garantit les loyers échus et non prescrits indistinctement, peu importe l'origine de la location. Je l'ai montré précédemment. Ainsi, lorsque le bailleur fait procéder à la saisie du locataire, s'il est seul créancier, il peut se faire payer le montant intégral de ce qui lui est dû; en ce qui touche les termes à échoir, il est sans droit, en vertu du principe : *qui a terme ne doit rien ;* et, en outre, on est dans l'incertitude sur le point de savoir quels termes seront dus ; car il peut arriver qu'ils ne viennent pas tous à échéance, dans le cas, par exemple, de la perte totale de la chose louée.

Si le propriétaire se trouve en concurrence avec d'autres créanciers, sa situation change et la loi établit une distinction, selon que le bail a date certaine, ou, qu'au contraire, il ne l'a pas.

Si le bail a date certaine, le locateur a droit, par privilège, au montant intégral du loyer pour les années échues et à échoir; les autres créanciers ont alors la faculté de sous-louer et de faire leur affaire du bail pour le temps qui reste à courir, en payant au propriétaire tout ce qui lui serait encore dû.

Si, au contraire, le bail n'a pas date certaine, le droit du bailleur porte toujours sur le montant des années échues et de l'année courante ; mais il est restreint à l'année qui suit l'année courante. Ce point a été controversé. Je donne ici la solution qui, selon moi, doit triompher, comme résultant de la pensée du législateur : elle s'applique seulement dans l'hypothèse où le propriétaire se trouve simplement en présence d'autres créanciers, sans qu'il y ait faillite ou déconfiture.

DES EFFETS DE LA FAILLITE

Car, dans ces derniers cas, la situation du bailleur n'est plus la même ; elle est alors réglée par les art. 450 et 550 du Code de commerce, modifiés par la loi du 12 février 1872. Ils sont ainsi conçus :

Art. 450. — « Les syndics auront, pour les baux des immeubles affectés à l'industrie ou au commerce du failli, y compris les locaux dépendants de ces immeubles et servant à l'habitation du failli et de sa famille, huit jours à partir de l'expiration du délai accordé par l'art 492 du Code de commerce aux créanciers domiciliés en France, pour la vérification de leurs créances, pendant lesquels ils pourront notifier au propriétaire leur intention de continuer le bail, à la charge de satisfaire à toutes les obligations du locataire.

« Cette notification ne pourra avoir lieu qu'avec l'autorisation du juge-commissaire et le failli entendu.

« Jusqu'à l'expiration de ces huit jours, toutes voies d'exécution sur les effets mobiliers servant à l'exploitation du commerce ou de l'industrie du failli et toutes actions en résiliation de bail seront suspendues, sans préjudice de toutes mesures conservatoires et du droit qui serait acquis au propriétaire de reprendre possession des lieux loués.

« Dans ce cas, la suspension des voies d'exécution établie au présent article cessera de plein droit.

« Le bailleur devra, dans les quinze jours qui suivront la notification qui lui sera faite par les syndics, former sa demande en résiliation.

« Faute par lui de l'avoir formée dans le dit délai, il sera réputé avoir renoncé à se prévaloir des causes de résiliation déjà existantes à son profit. »

Art. 550. — L'art. 2102 du Code de commerce est ainsi modifié à l'égard de la faillite :

« Si le bail est résilié, le propriétaire d'immeubles affectés au commerce ou à l'industrie du failli sera privilégié pour les deux dernières années de location échues avant le jugement déclaratif de faillite, pour l'année courante, pour tout ce qui concerne l'exécution du bail et pour les dommages-intérêts qui pourront lui être alloués par les tribunaux.

« Au cas de non-résiliation, le bailleur, une fois payé de tous les loyers échus, ne pourra pas exiger le paiement des loyers en cours ou à échoir, si les sûretés qui lui ont été données lors du contrat sont maintenues, ou si celles qui lui ont été fournies depuis la faillite sont jugées suffisantes.

« Lorsqu'il y aura vente ou enlèvement des meubles garnissant les lieux loués, le bailleur pourra exercer son privilège comme au cas de résiliation ci-dessus, et, en outre, pour une année à échoir à partir de l'expiration de l'année courante, que le bail ait ou non date certaine.

« Les syndics pourront continuer ou céder le bail pour tout le temps restant à courir, à la charge par eux ou leurs cessionnaires de maintenir dans l'immeuble gage suffisant, et d'exécuter au fur et à mesure des échéances toutes les obligations résultant du droit ou de la convention, mais sans que la destination des lieux loués puisse être changée. Dans le cas où le bail contiendrait interdiction de céder le bail ou de sous-louer, les créanciers ne pourront faire leur profit de la location que pour le temps à raison duquel le bailleur aurait touché des loyers par anticipation, et toujours sans que la destination des lieux puisse être changée.

« Le privilège et le droit de revendication établis par le n° 4 de l'art. 2102 du Code civil au profit du vendeur d'effets mobiliers ne peuvent être exercés contre la faillite. »

Cette loi, insérée dans la *Collection complète des lois* (vol. 72, p. 74), a été l'objet de vives critiques de la part de J.-B. Duvergier, l'éminent fondateur de ce recueil. Cependant, le savant jurisconsulte constate que la loi met fin aux hésitations de la doctrine et de la jurisprudence et que les prescriptions qu'elle contient concilient, dans une assez juste mesure, les droits et les intérêts des faillis, de la masse des créanciers et des propriétaires. Je ne saurais mieux faire que d'analyser les notes dont J.-B. Duvergier a accompagné, dans son recueil, le texte de la loi et j'en donnerai même sur certains points des passages textuels.

D'après la législation que la loi de 1872 a eu pour objet de modifier, l'intégralité des loyers à échoir devenait exigible ; c'était l'application pure et simple du principe contenu dans les art. 1188 du Code civil et 444 du Code de commerce, qui déclarent que toutes les dettes du failli deviennent exigibles et qu'il est déchu du bénéfice du terme. Cette situation était très préjudiciable aux autres créanciers, le propriétaire absorbait ainsi la plus grande partie de l'actif. A l'appui des demandes en revision de la législation sur ce point, on citait l'exemple d'un bail consenti pour 30 ans moyennant le loyer annuel de 30,000 fr. Le locataire étant tombé en faillite, le montant du prix total du bail était devenu exigible, soit une somme de 8 ou 900,000, bien supérieure à celle que le propriétaire aurait touchée si le bail avait eu son entière exécution. En présence des termes impératifs des art. 1188 du Code civil et 444 du Code de commerce combinés avec l'art 2102 du Code civil, la Cour de cassation a dû consacrer le jurisprudence par deux arrêts rendus le 26 mars 1865. Aussi la réforme des art. 450 et 550 du Code de commerce fût-elle, dès cette époque, reconnue nécessaire. Une proposition de loi a été déposée à l'Assemblée nationale par M. Courbet-Poulard, le 7 avril 1871 M. Delsol a fait un remarquable rapport, dans lequel il a examiné l'état de la législation et les restrictions qu'il importait d'y apporter ; la proposition a été adoptée avec quelques modifications de rédaction le 12 février 1872.

Le nouvel article 450 du Code de commerce diffère beaucoup d'avec celui qui portait le même numéro. Celui-ci se bornait à suspendre pendant trente jours, à partir du jugement déclaratif de faillite, les voies d'exécution sur les effets mobiliers garnissant les lieux pour obtenir le paiement des loyers ; en outre, le seul fait de la faillite opérait la résiliation du bail dans l'intérêt du bailleur, et la masse ne pouvait l'empêcher en offrant de maintenir toutes les garanties matérielles qui existaient avant la faillite.

Actuellement, la résiliation du bail n'aura plus lieu de plein droit ; c'est ce qui résulte de l'ensemble des dispositions de la loi éclairées par les termes du rapport de la commission. Les juges auront un pouvoir discrétionnaire d'appréciation ; ils devront examiner, d'après les circonstances, si les garanties offertes au bailleur lui donnent une sécurité complète pour le paiement des loyers et pour l'exécution de toutes les conditions du bail. Lorsque cette question sera résolue affirmativement, la Cour de cassation ne pourra plus comme par le passé, casser la décision.

La demande en résiliation formée par le bailleur ne devra pas être nécessairement rejetée, si le bail a été exécuté avant la faillite, si les loyers ont été exactement payés et si les effets mobiliers et les marchandises garnissant les lieux sont suffisants pour garantir l'exécution du bail. Les tribunaux ont un pouvoir absolu d'appréciation et ils devront déterminer leur décision non seulement en considération des garanties matérielles, mais encore en pesant les garanties morales ; il est de toute évidence que le propriétaire a plus de sécurité pour l'avenir, lorsqu'il se trouve en présence d'un locataire maître de ses droits, jouissant de l'administration de ses biens, que lorsqu'il a en face de lui la masse des créanciers et un syndic, non obligés personnellement, et à qui il ne pourra rien demander si les objets mobiliers et les marchandises devenaient à un moment donné insuffisants pour garantir l'exécution du bail et ses clauses accessoires. Tel locataire aura pu faire dans les lieux loués des travaux importants qui ont augmenté la garantie du bailleur. Tel autre locataire exerce une profession qui, par sa nature, fait subir à l'immeuble des dégradations rapides. Autant de questions qui seront souverainement appréciées par les magistrats. Le juge devra tenir compte de la faillite du locataire qui a fait disparaître sa garantie personnelle.

Les instances relatives aux demandes de résiliation sont civiles et devront être évidemment portées devant les tribunaux ordinaires.

Le délai dans lequel les créanciers devront faire connaître leur résolution, la précaution d'exiger l'autorisation du juge-commissaire, l'obligation pour le bailleur de répondre dans les quinze jours de la notification et enfin la déchéance prononcée contre lui s'il laisse écouler ce délai sans former sa demande, sont des dispositions sages et propres à éviter d'inutiles débats. Le droit de propriété est bien soumis ici à certaines restrictions que son caractère absolu semble repousser, mais, en réalité, un propriétaire, s'il est vigilant, pourra conserver dans une juste mesure les prérogatives qui lui appartiennent.

Lorsque la résiliation aura été prononcée, le propriétaire n'exercera son privilège que pour les deux dernières années échues avant le jugement déclaratif de faillite et pour l'année courante, ainsi que pour les accessoires du bail et pour les dommages-intérêts qui pourront lui être alloués. Le propriétaire rentre en possession de la chose qu'il avait louée, il est donc équitable qu'il ne puisse réclamer le paiement des termes de loyer à échoir. Le bailleur reste créancier, mais à titre chirographaire seulement pour le montant des loyers antérieurs aux deux dernières années qui ne sera pas atteint par la prescription. Le propriétaire a le droit de faire vendre les objets mobiliers garnissant les lieux.

Lorsque la résiliation n'est pas prononcée, le propriétaire ne peut réclamer le paiement de ce qui est à échoir, puisque, dans ce cas, il est jugé que les garanties qu'il conserve sont suffisantes ; le bailleur devra recevoir seulement le montant des loyers échus. Le syndic de la faillite aura la disposition des lieux loués pour le temps du bail qui reste à courir et pourra en jouir dans les mêmes conditions que l'eût fait le failli lui-même, à charge de se conformer aux clauses contenues dans la convention ; il devra continuer l'exploitation du fonds, en mettant à la tête un gérant qui l'administrera pour le compte de la masse des créanciers.

On a vu, par le texte de l'art. 2102, que le § 4 de cet article donne au privilège du bailleur plus d'étendue que le § 2 ; il l'accorde non seulement pour deux années échues et pour l'année courante mais encore pour une année à échoir. D'où vient cette différence de traitement entre les hypothèses prévues par ces deux paragraphes ? En voici l'explication : Dans le cas du § 2, il y a résiliation ; dans le cas du § 4, il n'y a pas, au contraire, résiliation, mais vente et enlèvement des meubles. Je pense que dans les deux cas la vente et l'enlèvement des meubles se présenteront nécessairement, En effet, pour que le privilège puisse s'exercer avec plus ou moins d'étendue, il faut que le mobilier soit réalisé, car ce n'est que sur le prix à provenir de la vente que le privilège peut porter. Lorsque, au cas prévu par le § 4, il aura été procédé à la vente et que le bailleur aura exercé son privilège pour quatre années de loyer, les lieux ne seront plus garnis et partant la résiliation demandée par le bailleur devra forcément être prononcée par les tribunaux. La différence consiste donc en ceci : c'est que, dans un cas, le propriétaire aura fait prononcer la résiliation dès la première heure, et que, dans l'autre, il aura attendu que les meubles fussent vendus soit à sa requête soit à celle des autres créanciers ou du syndic.

J'avoue que je ne comprends pas très bien cette distinction, puisque en définitive le résultat est le même : la vente. Ainsi, selon qu'elle aura eu lieu à une époque ou à une autre, elle produira des effets différents, non seulement à l'égard du bailleur, mais encore vis-à-vis de la masse des créanciers puisque, selon que le privilège du bailleur s'exercera pour trois ou quatre années, il en résultera que le tant pour cent qui pourra être partagé entre les créanciers chirographaires se trouvera modifié.

Bien entendu, lorsque le propriétaire aura reçu le montant d'une année de loyers à échoir dans le cas prévu par le § 4, le syndic aura la disposition des lieux pendant ce laps de temps.

Si le bail contient interdiction de sous-louer ou de céder le bail, les créanciers ne peuvent user de la jouissance des lieux que pour le temps à raison duquel le propriétaire aura touché les loyers par anticipation, la destination de la chose louée ne pouvant toujours pas être changée.

L'article 551 du Code de commerce indique, dans les termes suivants, les formalités que les créanciers privilégiés auront à observer pour exercer leurs droits :

« Les syndics présenteront au juge-commissaire l'état des créanciers se prétendant privilégiés sur les biens meubles et le juge-commissaire autorisera, s'il y a lieu, le paiement de ces créanciers sur les premiers deniers rentrés.

« Si le privilège est contesté, le tribunal prononcera. »

Le tribunal de la Seine (3e chambre) a rendu, le 11 avril 189 jugement fort important dans les circonstances de fait suivantes :

Dans le bail intervenu entre le propriétaire et le locataire, l'hypothèse de la faillite du preneur avait été prévue ; il était stipulé que, dans ce cas, *le bail serait résilié de plein droit et que le montant des loyers d'avance perçus par le bailleur lui serait acquis à titre d'indemnité*. La faillite du preneur a été déclarée ; le syndic a notifié son intention de continuer le bail, et il a soutenu qu'une telle clause insérée dans la convention était nulle, comme faisant obstacle aux dispositions de l'art. 450 du Code de commerce et comme contraire à l'ordre public. Le propriétaire demandait, de son côté, l'exécution de la convention.

Le tribunal a déclaré cette clause valable, par les motifs que voici : l'art. 450 du Code de commerce ne mentionne que les actions et les demandes en résiliation et non les résiliations de plein droit ; il n'y a pas ici de motif d'ordre public et l'on conçoit fort bien que le propriétaire n'ait pas voulu s'exposer à avoir un autre locataire que celui avec lequel il avait traité.

DU RANG DES PRIVILÈGES ENTRE EUX

Le Code civil est loin de décider toutes les questions de préférence que peut faire naitre la situation des différents créanciers sur les meubles. Il détermine le rang des privilèges généraux, en prescrivant qu'ils s'exercent dans l'ordre énuméré en l'art. 2101 ; mais, relativement aux privilèges spéciaux sur les meubles, il faut remonter au principe de leur établissement et classer chacun d'eux suivant la faveur de sa cause ; la généralité ou la spécialité du privilège ne doit pas être prise en considération.

Voici comment, d'après Mourlon, la classification des privilèges doit être établie :

Passent les premiers :

1° Entre les privilèges généraux, ceux qui sont désignés les premiers d'après l'ordre numérique de l'art. 2101, ainsi que je viens de le dire. Les privilèges désignés dans le même numéro concourent entre eux;

2° Entre les privilèges généraux et les privilèges spéciaux *immobiliers*, les privilèges généraux ;

3° Entre les privilèges généraux et les privilèges spéciaux *mobiliers*, les privilèges spéciaux ; à l'exception pourtant des frais de justice qui, en principe, l'emportent sur tout autre privilège, pourvu qu'ils aient été faits pour la conservation de la chose même dont le prix est en distribution et sauf l'exception portée en l'art. 662 du Code de procédure civile en ce qui touche les frais de poursuite de contribution ;

4° Entre un créancier gagiste et un vendeur, le gagiste (le propriétaire étant considéré comme tel), s'il ignorait, au moment où la chose lui a été remise en nantissement, que le prix fût encore dû par son débiteur (sauf en ce qui concerne le prix d'achat ou de réparation d'ustensiles aratoires). Dans l'hypothèse inverse, c'est le vendeur qui l'emporte ;

5° Entre un créancier gagiste et un créancier conservateur de la chose engagée, le créancier conservateur, si les frais de conservation sont postérieurs au nantissement; dans l'hypothèse inverse, le gagiste l'emporte s'il a, au moment du nantissement, ignoré l'existence du privilège du créancier conservateur;

6° Entre plusieurs créanciers gagistes, lorsque le même objet a été détourné et affecté successivement à plusieurs créances, le créancier premier nanti;

7° Entre plusieurs créanciers conservateurs du même objet, le conservateur le plus récent; s'ils ont travaillé ensemble et dans le même temps, ils concourent entre eux;

8° Entre plusieurs vendeurs successifs du même objet, le premier vendeur;

9° Entre le vendeur et l'ouvrier qui, depuis la vente, a conservé la chose vendue, l'ouvrier.

Je n'ai pas voulu, dans cette matière si difficile et si controversée, entrer dans de nombreuses explications qui n'auraient fait que surcharger ce travail, sans profit pour vous, Messieurs. Ce résumé très court me semble avoir l'avantage de présenter d'une façon succincte et précise les solutions des questions qu'il traite et d'être mieux capable que toute longue dissertation de mettre en lumière le sens dans lequel doit être interprété le texte de la loi ou, pour parler plus exactement, le silence de la loi.

Tandis que les créanciers ordinaires sont tenus, pour poursuivre l'exécution de leur débiteur, d'être munis d'un titre, le propriétaire ou principal locataire peut, soit qu'il y ait bail ou qu'il n'y en ait pas, faire saisir-gager les effets mobiliers de celui qui occupe l'immeuble, même sans permission du juge et vingt-quatre heures après un simple commandement demeuré infructueux. Cette mesure peut même être exercée, sur l'heure, mais alors en vertu d'une ordonnance rendue sur requête par le président du Tribunal civil. Les meubles pourront encore être saisis, s'ils ont été déplacés sans le consentement du propriétaire, pourvu que la revendication soit faite dans le délai de quinze jours ainsi que je l'ai indiqué précédemment. La vente sera ensuite ordonnée dans les formes ordinaires. Telle est la doctrine que nous enseignent les art. 819 à 825 du Code de procédure civile.

Ainsi, la seule qualité du locateur lui donne le droit de prendre des mesures conservatoires pour le paiement des loyers et des accessoires en dehors de toute formalité judiciaire. Le seul fait de l'occupation des lieux a donné naissance à la dette et, par voie de conséquence, le seul fait d'être bailleur autorise à poursuivre l'exécution de la créance.

C'est là, constitué au profit du bailleur, un avantage considérable qui ne se trouve dans notre législation reproduit en faveur d'aucune autre personne.

DES LOYERS D'AVANCE

Pour assurer la garantie de sa créance, il est d'usage que le bailleur, lorsqu'il s'agit de maisons entières, de corps de bâtiments entiers ou de boutiques, se fasse verser une somme représentant six mois de loyer, laquelle n'est imputable que sur les six derniers mois de jouissance.

Cette somme peut être considérable, les intérêts qu'elle produit appartiennent au locateur et forment, pour ainsi dire, une augmentation du loyer. Si nous supposons, par exemple, une location de 20,000 fr., il sera versé 10,000 fr. à titre de loyers d'avance ; les intérêts, soit 500 fr. par an, étant dévolus au propriétaire, il en résulte, qu'en réalité, la location n'est pas de 20,000 fr., mais bien de 20,500 fr. Est-ce juste ? A l'appui du maintien de cet état de choses, on fait le raisonnement suivant : le locataire est consentant, il accepte cette convention et ce sera à lui de demander, lors de la passation du bail, que le montant du loyer soit diminué de la somme que représenteront les intérêts de ce qu'il devra verser d'avance ; il sait à quoi il s'engage, il connaît les habitudes en cette matière et il serait mal venu à se plaindre d'être lésé. D'ailleurs, cet usage lui est favorable, en ce que le propriétaire se montrera moins préoccupé de sa solvabilité et lui laissera plus de latitnde dans son mode de jouissance.

Cette situation a préoccupé nos législateurs, c'est ainsi que M. Pétrot et plusieurs de ses collègues ont déposé sur le bureau de la Chambre des députés, le 8 février 1894, une proposition de loi relative aux cautionnements, dépôts de garantie et loyers d'avance.

Dans l'exposé des motifs dont elle est précédée, l'honorable député a fait valoir les arguments que je résume ainsi : sans songer à contester ces versements à titre de garantie, cette somme est une lourde charge pour le preneur ; si on suppose un bail de vingt ans, cette avance sera plus que doublée par les intérêts qu'elle aura produits et qui auront été pour le propriétaire une plus-value de location. Si cette garantie était déposée dans une caisse publique, avec affectation spéciale au profit de la créance du bailleur, les intérêts produits devant être touchés par le preneur, tout inconvénient disparaîtrait et les droits de chacun seraient respectés.

Les articles de la proposition sont les suivants :

Article premier. — Les cautionnements, dépôts de garantie et les sommes remises, à titre de loyers d'avance par les locataires aux propriétaires, devront être versés à la Caisse des dépôts et consignations. Il sera délivré à chacun des intéressés un reçu, sur lequel sera mentionné le taux d'intérêt fixé d'après les usages et règlements de ladite Caisse des dépôts et consignations.

Art. 2. — Dans le premier trimestre de chaque année, celui qui aura remis les fonds à titre de garantie pourra toucher le montant des intérêts produits pendant l'année précédente. Il ne pourra effectuer le retrait de la somme consignée, personnellement ou par son représentant, que sur la présentation d'un certificat de *quitus* délivré par celui qui avait exigé la garantie, ou d'une décision judiciaire en tenant lieu.

Art. 3. — Celui en faveur de qui la garantie a été stipulée pourra de même opérer le retrait, en justifiant que la condition résolutoire du contrat est accomplie et que le dépôt lui est désormais acquis.

Art. 4. — Toute clause contraire stipulée à la présente loi est réputée nulle et non écrite.

Le rapport sommaire a été déposé par M. Albert Pétrot, le 12 mars 1894; la proposition a été prise en considération le 28 avril 1894; elle est actuellement à l'étude dans les bureaux.

M. Chauvin et plusieurs députés ont déposé à la Chambre, le 4 juin 1894, une proposition tendant à interdire à tout propriétaire d'immeubles de faire payer les loyers d'avance.

Je pense que ces deux propositions, même celle de M. Pétrot, qui est moins absolue que celle de M. Chauvin, ne doivent pas être adoptées. Il est toujours dangereux, de la part du législateur, de mettre des obstacles aux conventions qui interviennent entre les particuliers : ceux-ci sont libres d'adopter telles ou telles dispositions, c'est à eux de les discuter lors de la passation des contrats.

CONCLUSION

J'ai lu, Messieurs, dans le programme de nos réunions, que les rapports énonceraient des vœux qui seraient soumis à vos délibérations ; le seul que je forme, sur les questions qui nous occupent, c'est que la législation actuelle soit maintenue. Je suis de ceux qui pensent, en cette matière, que le mieux est l'ennemi du bien, en présence surtout de certaines dispositions d'esprit. Notre Code a été rédigé par des hommes éminents et c'est, selon moi, toujours chose grave que de songer à y apporter des modifications, lorsqu'elles ne s'imposent pas ou qu'elles ne sont pas réellement réclamées par l'opinion publique.

J'ai terminé, Messieurs, cette étude. Puissé-je ne l'avoir pas faite trop longue à votre avis, et y avoir rassemblé tous les documents et étudié toutes les questions qui peuvent vous intéresser.

E. GOUJON
Avocat, Rédacteur en Chef de *La Collection complète des Lois.*

TABLE ALPHABÉTIQUE

15.429. — Lyon, Imp. du Salut Public, 71, rue Molière.

www.ingramcontent.com/pod-product-compliance
Ingram Content Group UK Ltd.
Pitfield, Milton Keynes, MK11 3LW, UK
UKHW020514180726
13839UKWH00005B/2088

9 782329 432441